neue frau
herausgegeben von
Angela Praesent

Gisela Steineckert

Die Schönste bin ich nicht

Erzählgedichte

rororo

Rowohlt

Lizenzausgabe mit freundlicher Genehmigung des
Verlages Neues Leben, Berlin, DDR
Copyright-Vermerke siehe Quellennachweis S. 94
Die Gedichte »Der sie nun liebt«, »Als hätte man dich«,
»Ich lege mich nieder«, »Wenn du achtlos bist«
erschienen in dem Band »Erkundung zu zweit«,
Henschelverlag, Berlin, DDR, 1974

Umschlagentwurf Isa Petrikat-Velonis
(Foto der Autorin: Barbara Morgenstern)

Veröffentlicht im Rowohlt Taschenbuch Verlag GmbH,
Reinbek bei Hamburg, Mai 1986

Satz aus der Garamond bei LibroSatz, Kriftel
Gesamtherstellung Clausen & Bosse, Leck
Printed in Germany
580 – ISBN 3 499 15757 8

Die Schönste bin ich nicht
oft nicht die Klügere
andre sind jünger

und hab das volle Maß gehabt
das nicht vor Schönheit kniet
das nicht nach Klugheit geht
das kaum auf Jugend fällt

habe verlassen wurde verlassen
die Ehrlichkeit preisend
log ich und wurde belogen
nahm was ich kriegen konnte
ließ liegen was mir zugestanden hätte
gab zurück wenn man mir antat
nichts war mir ferner als Gerechtigkeit
das Schöne hab ich hochgespielt
das Häßliche verborgen
ob vorm Spiegel
ob im sogenannten Leben

Ich wollte daraus meine Lehren ziehn
ach was
wer so lebt, der welkt
Lieben muß man
die Schönste sein
klüger werden
und jünger, je älter man wird

Der sie nun liebt, wird nicht erkennen
daß sie müde kommt von einem andern
der sich über sie beklagte

Und sieh doch du, der du dich beklagt hast
über die welke Gattin
wie sie drei Stufen auf einmal nimmt
mit frischen Blumen im Arm
wie sie pochend bis in die Fingerspitzen
Sekundenzeiger verfolgt
und auf die leere nächtliche Straße starrt
mit Tränen in der Kehle und Liedern im Ohr
und einem Pullover in gänzlich anderer Farbe
seit wann denn trägt diese Türkis und
bückt sich nach einem Schneeball
seit wann denn wieder rührt sie mit Lust in den Töpfen
Sauerkohl und zart gedünstete Spitzen von zartem Filet

Sieh auf ihre Arme, die schwerfälligen
die mit den Einkaufsnetzen
soweit du dich erinnern kannst
tanzt sie nicht mit den Armen nun auf einmal
heben sich nicht ihre Brüste, sobald du
die Blicke wendest
tanzt nicht auch ihre Stimme, wenn sie
willkommen sagt dem
der sie ansieht, daß sie schön werden muß
unter diesem Blick
weil er sie erinnert an alles, was an ihr
Mädchen gewesen ist
bevor du da warst
mit deinen müden Füßen am Abend und
deinem aufgerissenen Mund am Morgen
Und wie denn in der Nacht hast du sie umarmt
bleiern auf ihren Schultern deine Hand und
bleiern alles an dir
wenn du auf ihr lagst ohne Atemlosigkeit
immer ans Ziel kommend du und

sie mitnehmend manchmal
mühsam und kundig
was denn war das anders für dich als eine Arbeit
die man schafft oder aufschiebt bis zum Wochenende
daß sie dalag neben deinem Schlaf
horchend in das Dunkel auf ihr Alter
das mit schlurfenden Schritten näher kam, unaufhaltsam
die nicht mehr Begehrte
deine welke Gattin
nun sieh sie dir an

Als hätte man dich auf meine Fährte gesetzt
witterst du mir ständig nach
hinter meine Stirn möchtest du kommen

Sei sicher: Dich belüge ich mehr als jeden
und was du nicht wissen sollst
erfährst du als letzter

Ich will, daß die ganze Stadt über dich lacht
denn ich bin beleidigt von deinem Argwohn
und aufgerieben von der Unachtsamkeit

Ich habe dich, wie man sagt, betrogen
nachdem du glaubtest, ich könnte es tun
eigentlich: hätte es schon getan

Läute doch die Glocken
schreib mir den scharlachroten Buchstaben mitten aufs Herz
stell mich auf den Marktplatz an den Pranger
dann werde ich sagen:
Ich bin ohne Haß
aber er hat mich schlecht geliebt

Ich lege mich nieder
um von dir auszuschlafen
ich benutze meine Stimme
um dich nicht zu erwähnen
es gibt dich nicht mehr
übe ich
morgens und abends
fürchtend, daß ich mir nicht glaube
der Traum zeigt mit Fingern auf mich
die sich da preisgibt, bin ich

Ich, mich wähnend hinter einer Betonwand
sehe zufällig deine Hände
höre von weitem deine Stimme
und erkenne meine Barrikade
als Seidenpapier

Wenn du achtlos bist, begegnet mir im Spiegel
ein alterndes leeres Gesicht
Wenn deine Liebe nur flüchtig über mich hinstreicht
such ich in den Worten der Freunde nach Kränkung
Wenn du keinen Blick für mich hast, schäme ich mich
meiner unbedeckten Hände und daß ich nackt war.
Wenn du eilig bist schon bei der Ankunft, gehst du von einer
der sind die Arme zu lang
tust du belanglos, werden die Nächsten fremd
und zweifelnd nehm ich Abstand von mir selber.

Wenn du mich liebst, bin ich schön
mit erhobenem Kopf geh ich zum Spiegel und bewundere mich
Ernsthaft bring ich die andern zum Lachen
heiter hör ich die Freunde sagen, an mir könnte manches besser sein
was mühsam ist, legt sich mir auf die Schultern wie ein seidenes Tuch
beachtet von dir, leg ich es ab, wann du willst
es bedeutet nichts, ob du eilig bist, wenn du mich liebst
wenn du mich liebst, geh ich zu Paris und frag ihn
ob er nicht zufällig einen Apfel bei sich hat

Keine gesicherte Ewigkeit
ist meine Liebe
meine Liebe ist
wiederholbarer Moment
vielleicht
auf Lebenszeit

Woher kommst du, Tochter
mit so angestrengtem Lachen
in den Augen soviel Grau
mit so dünnen kalten Fingern
Woher kommst du, Tochter
als so eine fremde Frau

Welcher Schmerz legt um die Augen
dir solch noch vergängliches Gewebe
wohin blickst du, fröstelnd, unerhört, allein
woher nehm ich Leben, daß ich es dir gebe
um dir mehr als nur Gebärerin zu sein

Laß dich fallen oder setz dich nieder
wenn es sein muß, schweigen wir wie ehedem
besser, Tochter, sprich und wärm dich wieder
eh du aufstehn wirst und gehn – zu irgendwem

Du wirst gehn, und deine Augen werden schwarz sein
dein Haar gekämmt, der Mut ganz neu
ich stehe da und sehe, daß du jung bist
wie leicht du gehst
und wie beschwingt auf einmal nun
mit meiner Tasche unterm Arm
in meinen neuen Schuhn

Eine «gesicherte Ewigkeit» . . .

Schwestern

Wir schliefen im selben Bett
und konnten uns nicht leiden
Wir trugen die gleichen Kleider
nicht ohne sie uns zu neiden.

Immer die eine der andern
um ein Stück Brot voraus.
Wie füllte die eine der andern
unerträglich das Haus.

Jede von beiden viel schöner
vor dem eigenen Spiegelbild
Von Zorn und bösen Wünschen
beide entstellt und erfüllt.

Wir haben den volltrunknen Vater
zu zweit beinah umgebracht
um unsre Mutter zu retten –
wir weinten die ganze Nacht.

Die Schwester hat Kinder geboren
ich sah, was sie kann und nicht kann.
Doch eins ist ihr besser geraten –
ihr Glück und ihr zärtlicher Mann.

Der hat das Mädchen geliebt
und machte ihr weicher den Mund.
Sie lacht sich seit zwanzig Jahren
bei ihm von der Kindheit gesund.

Lebenshaltung

O wärst du hier geblieben
wie hätt mich das gefreut
mich hätte unser Lieben
nicht bis zuletzt gereut

Hättst sie behalten können
zu der du heute fliehst
wie würd ich sie dir gönnen
wenn du nicht zu ihr ziehst

Du hast mich nie geschlagen
warst nüchtern, ziemlich oft
du warst doch zu ertragen
drum habe ich gehofft

Mein Geld nahm ich für Seefisch
und magres Hühnerbein
dir Rosen auf den Teetisch
dir gelben Ungarwein

Dir widmete ich gerne
pro Tag die zweite Schicht
ich putzte dir die Sterne
viel Glas und mein Gesicht

Ach, hätte ich verstanden
daß ich dich nie verstand
mir wär ein Glück geblieben –
zum Abschied deine Hand.

Wer bin ich denn
wär ich nicht mehr
als diese fragwürdige Sammlung von Gefühlen
drei dunkle Farben, die sich einer merkt
und daß ich zweimal ganz geliebt hab
Denkst du denn, was nicht hier geschieht
sie mir deshalb nicht widerfahren
Mir schlug das Herz ganz eigen
auch in der Menge, und ich sang die Internationale
Ich wollte immer mehr, als für mich selber nötig war
Falls ich besonders bin, dann wohl
weil ich das Kellerkind in mir nicht ausgelöscht hab
das junge Mädchen nicht mit den zerrißnen Schuhn
die Rebellionen nicht und wann ich untertan war
die Besserwisserin und nicht
was schwerer wird, seitdem ich manches weiß

Ehe er sich das Mobiliar unter den Nagel riß und
die meisten der Bücher
verkündete er noch hocherfreut
sein Ableben demnächst, und zwar aus Enttäuschung über mich
und mein Ende in der Lächerlichkeit
Ehrwürdig wie ein Verkünder von Lottozahlen
bog er um die Ecke
Ging er davon zu ihr
die alles besser wußte
bevor sie draufgezahlt hat mehr als ich
Ich sage dir, das hältst du nicht für möglich
bei diesen gründlich gütigen Augen
bei diesem Meister der schönen Beginne
Wenn er eine will, zückt er den großen warmen Mantel und
zeigt seinen Abscheu vor unachtsamen Männern
daß jede gleich merkt, dieser ist keiner von denen
Falls sein Auge auf dich fällt, er teilt mit dir sogar die letzte
Zigarette, vorher
und die letzte Scheibe Brot, falls du voher Hunger hast
Ich wollte ihm mit Kreide den Rücken markieren
damit er kenntlich wird für jede
aber nun ist Zeit vergangen
da stell ich mich mit dem Rücken zum Spiegel
und drehe vorsichtig den Kopf
nichts

Gleiche mir nicht so sehr, Tochter
nicht bis in die verdächtige Einzelheit
daß ich nicht denken muß
mein langjähriges Wort sei es mehr
als die Gabe der Natur
Wie sehr du mir gleichen willst, Tochter
das bringt mich um den Schlaf
Warum nimmst auch du Umweg um Umweg
sei doch wenigstens du für Dauer an sich
fast jeder strengt weniger an als Davongehn
Wein nicht in die Kissen und schrei nicht herum:
Leben tut weh
Was weiß denn ich, ob du mir gleichst
ob sich am Ende alles lohnt und du als letzte lachst

Ach Schwester Schwester, laß die Tränen fallen
der dich verlassen hat, verläßt ja aus Gewöhnung
ihr wart noch Mann und Frau, da lagen schon Versöhnung
und bittere Erkenntnis zwischen ihm und mir
Er kam, wenn du geschlafen hast, in Eile
und sah mir zu, wenn ich ihm Eier briet
er war so schön im Bett und ernsthaft wie beim Sterben
der dich beim Werben unentwegt an mich verriet

Ach Schwester, Schwester, laß die Tränen fallen
er hat gegeben, was er hatte. Dir und allen.
Nun laß ihn gehn und wein nicht hinterher.
Was da zu wissen war, hast du gewußt. Und mehr.

Wir zwei haben uns zu früh getroffen
alle Türen, alle Augen standen offen
so viel Spiegel, darin ich die Schönste war
und du lagst vor Liebe sanft an meinem Haar

Darum habe ich dich angelogen
bin ich auf und bin davongeflogen
wollte alles und von allem mehr
ach, ich wollte, daß man früher klüger wär

Damit fing es an, und damit hört es auf:
mit einem schwerfälligen Bekenntnis.
Dazwischen blumige Blicke und Streit bis aufs Messer
Kampf um das bessere Ich, immer im andern
alles und jedes im Übermaß
das Wort Ewigkeit zu klein, Größeres mußte her, also:
Ich habe für dich gekocht
und mich geändert
Lieben kann man zwei, verliebt sein nur in einen
ich war in dich verliebt und töricht auch
Es gab Momente, da du mich liebtest
Wenn ich den Mund hielt und
dich aussprechen ließ
Ich habe dich geliebt
Das machte mich leiser
Ich stand zurück
So kam der Anfang vom Ende
Ich hätte mehr von mir behalten solln
dann hätt ich dich behalten

Zurückgekehrt bin ich zu einem

den ich nicht mehr liebe
und verließ um seinetwillen
den ich nicht aufhören kann zu lieben

Krank vor Heimweh bleibe ich

Angefüllt bis zum Hals mit Gleichgültigkeit
und schlimmeren Gefühlen
versuche ich zu töten was in mir lebt
und sich nicht töten läßt

Nun fragt mich der

den ich nicht mehr liebe
warum ich seine Nähe nicht suche
nicht aufleuchte wenn er kommt
warum ich die Hand auf meiner Schulter
nicht ertragen kann

Ich müßte sagen:

Meine Lippen schließen sich von selber
meine Sätze sind spindeldürr
die Arme hängen mir herunter
ich weiß keine Geste der Liebe mehr

Aber ich sage es nicht

Linkisch stehe ich vor jedem Ansturm
und flüchte mich in Grausamkeit
Bei dem zu sein den ich nicht mehr liebe
macht mich hungrig und böse

Ich verlor meine Worte
sah in der Welt nur ihn
Haut und Haar
ganz und gar
Tag und Nacht
aus Liebe
es ging mir gut
als jedes Wort das seine war

Ich sah ihn unter allen
was konnt ich mir da sein
Haut und Haar
ganz und gar
sollte ihm gefallen
Tag und Nacht
bis seine Lust die meine war

Ich wär bei ihm geblieben
so, wie ich erst gesollt
Haut und Haar
ganz und gar
Tag und Nacht
aus Liebe
Er ging davon
hat Haut und Haar nicht mehr gewollt.

Bleib wo du bist
Aber
komm in den Nächten
wenn die Sichel des Mondes
durch meine Hoffnung geht

Heu, Liebster, duftet
viel stärker als Gras

Bleib wo du bist
Aber
komm in den Nächten
wenn die Sichel des Mondes
die Wurzeln trifft

Bleib wo du bist
Aber
komm in den Nächten
wenn die Sichel des Mondes
aufblinkt. Weil ich sterbe
wenn du dann nicht kommst

Gruß an einen Freund

Immer nach der Arbeit
such ich
erloschen
deine Nähe.
Hungernd nach Schlaf
dürstend nach Einsamkeit
frierend vor Mangel an Rat
bleifüßig vor Gewißheit, daß diesem Tag der nächste folgen wird
trotte ich zu dir
mit meinen abgebrannten Dörfern in der Tasche
im rebellischen Blick
fragwürdige Siege vom Tage vorher.
So lasse ich mich nieder.
Mürrisch berichte ich
was es so gab
zornig oder belehrbar
nach dem Stand der Dinge.
Dann halte ich vorerst den Mund
verstehe von allem die Hälfte
weiß ein Drittel besser
und manches, weil ich es wirklich besser weiß.
Du beschimpfst mich
meine Unwissenheit, meinen Eigensinn und wie ich an manchem hänge
auch wenn es nicht mehr zu mir paßt
Da denk ich: Der erläßt mir weniger als sich selber
Aber wenn ich gehe
reib ich mir auf dem Flur die Hände
und weiß, wie es weitergeht

Eine Stunde Warten

Sechzig Minuten meines Lebens
und ich sehe
den Kirschbaum meiner Kindheit mit abgeschlagenen Zweigen
jene unendliche Strecke leidvollen Unwichtigseins
Universum Kind
unerkannt
mit niedergeschlagenen Augen in Scham erstarrt und in Furcht
mit unstillbarer Sehnsucht nach der Zärtlichkeit mit den unanständigen Namen
Hunger nach Durchdrungensein
Schenkel, Mund und Gedanke
Wer immer mich gesucht hat und verfehlte
Ich bin ich, als wäre nichts geschehn
Steig in die Tiefe
mein Geheimnis nimm hin wie das Rauschen der Muschel
die du zerbrechen kannst, aber nicht ergründen
Und doch, steig in die Tiefe
leg deine Hände auf meine Haut bis unter meine Haut
dring in mich ein, als wärest du auf meiner Spur
glaube, daß du besitzen kannst
Augen, Hände, Mund und Schenkel und dieses Hirn
öffne mich, tu mich auf, tu dich mir auf unendlich nicht endend
hol mir die Zweige an den Kirschbaum
erkläre das Universum Kind in mir und heile mich
damit ich dich heilen kann
wer bin ich denn, wenn ich nicht bin, was du aus mir machst
nichts als die verwundete Hälfte
stammelndes Ich, das sich verständlich machen kann
jedem außer sich selber

18 Uhr 15

Ich schwöre dir:
Die Augen schminke ich mir mit Schlaf
vom Mond leih ich mir die Blässe
mit ausgestrecktem Arm deut ich auf die Uhr nach Mitternacht
zimperlich gähnend streck ich mich aus auf meinem Segel
ich knüpfe mir das Laken um die Hüften
SEEMANNSKNOTEN
und haue ab im Traumboot
über die sieben Meere zurück zur ersten Liebe
den hab ich geliebt, murmle ich poetisch
aber so, daß du es hörst
Breite dein Innerstes aus, ich höre längst nicht zu
falls du doch noch kommen solltest, fünfzehn Minuten zu spät
Ratschläge geb ich dir direkt vom Wandkalender
angenommen, es ergäbe sich noch einmal die Gelegenheit
meine Verwandten lad ich ein, alle auf einmal
da werden wir lachen, aber wie
und du bist ein Fremder, gehörst nicht dazu
hast keine Ahnung, wie glücklich ich gewesen bin bei den Meinen
Jedes Familienfest wie eine Maiennacht mit siebzehn
Wenn du nach mir fragst, die Nachbarn sollen dich schweigend
und vor allem bitter ansehn
Hoffentlich denkst du, ich bin schon tot

Ich treffe den, der mich geliebt hat über Jahre
und Jahre ist es her seitdem
Händedruck und Finger um die Arme und Kuß auf beide Wangen
Wie ist es dir ergangen, bist du mir noch böse
Ich sehe, er weiß es nicht mehr so genau
Warum wir uns liebten und ob überhaupt
hat vergessen den Anfang und den Anfang vom Ende
und wer da schließlich wen an Land stieß
Ich sage: Vergeben und vergessen
und mache mich beseligt aus dem Staub
Fort von einem, der von einer andern kam
und mich weckte, um sich genießerisch anzuklagen
Fort von einem, der mir ein Gelächter mißgönnte und einen neuen Tanz
der mich abschob, wenn ich fror
der mich lobte, wie man eine Idiotin lobt
der mich düster anstarrte, wenn er mich schön fand, weil es ihn gefährdete
alles gefährdete ihn immer
meine Lieder, meine Gedanken, meine Brüste
Fort von einem, der mir die Kinder überließ und die Kohlen im Keller
und die Mahlzeiten viermal am Tag und Krankheit und Schularbeit
und das alles war nichts, war Elfenreigen, die blanke Mühelosigkeit
gemessen an seiner Seele, die gefüttert,
gepäppelt, gelobt, geschont und gefordert werden wollte
Dazu war nötig: meine Frische am Morgen, meine Ausdauer am Mittag
mein Leisesein am Nachmittag und meine rechtzeitige Müdigkeit am Abend
wenn er forsch aus dem Haus schritt zu wichtigen Terminen
mit Wein in der Aktentasche und Schokolade unterm Mantel
mit frischen Socken, duftend nach For Men
Wie schön, dich mal zu treffen
den Rest des Abends tanze ich ums Feuer

Ich sage, du bist schön, lieber Mann
falls du mich begehrst, ich habe Zeit und Lust
sag ein Wort, und ich vernagle
von innen unser Haus
inzwischen wasch und kämm du dich
und zieh dich ruhig aus
Hier oben im dreiundzwanzigsten Stock
scheint die Sonne so warm, da brauchst du nicht
Hut noch Schirm noch Rock
Wir könnten uns frei unterm Himmel lieben
von Schönefeld kommt hier nichts lang
doch willst du, so find ich das übertrieben
es klingeln die Kräne, der Bagger sind sieben
aber sonst ist es ungeheuer still
Ach, von mir aus mach doch, was ich will

Was ich versäumt hab, ist versäumt auf immer
das ist ein Satz, der nach Verzicht, der bitter klingt –
und ist nicht so gemeint.
Denn mir entging am Horizont kein Silberschimmer
oft, wenn es aus war, stand ich noch im Zimmer
wenn die Vernunft schon lachte, hat noch Eitelkeit geweint.
Was ich versäumt hab, ich bedaure es vergeblich
Erfüllung war es kaum, und nicht das Größte
nach dem man strebt.
Was ich versäumt hab, war am Ende kaum erheblich
Und doch, und doch, ich hätt es gern gelebt.

Immer öfter ertappe ich mich
wie ich das letzte nicht mehr höre
den letzten Ton nicht mehr von einem Lied
das letzte Wort nicht mehr von einem Streit
den letzten Reim nicht mehr von einem Vers
und gar das neue Argument nicht mehr
das mir vielleicht zur Überzeugung fehlt

Immer öfter ertappe ich mich
daß ich über das Lied hin spreche in mir
mich aus dem Streit fortstehle zu Gelächter
in Verse denk ich, was man sagen müßte
und vor dem neuen Argument langweil ich mich

Eh ich nun leide, weil ich älter werde
denk ich an all die schlechten Lieder
die mir so mühsam in Vergessenheit gerieten
wie sinnlos meist der Streit gewesen ist
da wir dann doch fürs Leben auseinander gingen
und sich entfernt erst zeigte, was da auf der Hand lag
die Argumente haben sich von selber widerlegt
Mensch, denk ich da auf einmal
steh da und werde heiter:
Mir scheint, ich werd gescheiter.

Lieber sieben Scheffel Salz
sieben Tore durchwandern
siebenmal noch wen andern
als einander zu früh in den Armen liegen
um die Liebe kämpfen, sie zu Tode besiegen
und sich bis zum Hals kriegen

Nachts gehn durch mein zimmer
die schritte meiner mutter
unaufhaltsam geht sie fegt mir den schreibtisch leer
deckt mich auf macht mich häßlich
lockt mich in die verzagtheit
ich zähl nicht vor ihresgleichen
ihrem mutterherzen müßt ich sein wie freddy quinn
von hamburg aus wirkt das meine zonenhaft auf sie
aber du nimmst mich an mit allem was ich nicht habe
du stellst dich meiner abgeschabtheit noch
dir bin ich so verbunden geh du
nachts durch mein zimmer
ihre schritte die gefürchteten machen mich grau
da komme ich um vor vergeblichkeit
nie wird sie mich sehn und erkennen sich an mir freun
herzte sie mich doch einmal die alte armselige frau
der ich so trauernd um mich entkam
noch immer baut sie sich auf im dunklen zimmer
sagt nichts

Meine Mamma war eine arme Waise
Dienstmädchen, früh verführt
und schön
man hätt können mit ihr einen Stummfilm drehn
ihr rheinischer Frohsinn
durchdrang meine Kindernacht
und war gänzlich unangebracht
sie hat vier Kinder und sieben Fehlgeburten gemacht
um die vier hat sie geweint, bis sie geboren warn
gegen die andern dann nahm sie Chinin
hat Tage und Nächte geschrien
einen winzigen Sohn hat mir der Arzt in die Hand gedrückt
ich sollt ihn hinterm Haus verscharrn
ich hab mich heulend tief zu ihm in das Loch gebückt
mit meinen dreizehn Jahrn
wir warn Leute, die nichts haben
als eine unbegreifliche Sorglosigkeit
Mamma hat uns nicht gebraucht
in ihrer schönen Kriegszeit ist sie öfter mit wem
untergetaucht
Nun ist sie über siebzig
weint am Grab meines einzigen Bruders
er hat sich totgesoffen
ihr altes Gesicht ist vor Schmerz ganz offen
sie redet dumm über ihr Leben
und will uns dauernd was von ihrer Rente geben

Daß ich überlebt hab im Karton den Alkohol gleich
nach meiner Geburt als mein Vater damit anfing und
meine Mutter schlug wegen Geld und das Waisenhaus das ich
noch weiß noch nicht so genau mein Hirn weigert sich noch
und die Ackerstraße wo der betrunkene Ziehvater die
Frau schlug
Ich meine da war ich was sie sich selber warn ein Nichts
und bin davongeschickt bei den Apfelbäumen aufgewacht
und hab eine Seele gekriegt fromm und sündig und national
aber das alles war nichts gegen das andere das hat von innen
gepocht mehr als das Blut mit dreizehn das will schon was
heißen und ich hab nicht gewußt was es wollte es wollte ge-
sagt sein und ich lebte doch bei den Mundlosen kaum weg von
der Hirtensprache Ackerstraße und Wildenau hatten nicht ge-
lernt sich zu sagen und so saß ich da mit meinem leukoplast-
geklebten Federhalter und schrieb was auf und versteckte es
was ist denn das wer macht denn so was statt abwaschen wirst
schon sehn landest sowieso im Dreck von wannen du gekommen
und nachts da waren Sterne sie waren und ich wollte dennoch
sagen da oben sind Sterne hat noch keiner gesagt ich habs
nicht gelesen im Lesebuch anderes hatte ich nicht was für Ster-
ne wie denn woher und wie viele an den Sternen beißt du dir
die Nägel ab gehst du zur Sonne und sagst was über sie auch
nicht dann sag daß du nicht weißt wie du was sagen sollst
aber darüber hin war schon meine Kindheit in der Wiege und
wurde die erste Liebe und dann keine Zeit Jahr um Jahr bald und
bald absehbar und dann doch Jahrzehnte schlimme Lieb und Davon-
gehn und alles stehenlassen noch mal von vorn einen Stuhl
ein Bett und wieder kein Buch und das Kind hat ein Kind nun
und ich fang immer noch gerade eben an

Den ich liebe
der hat zwei schlanke
schöne Füße
groß
die leg ich mir bei gut Wetter
in den Schoß
eins wärmt das andre
oben reden wir über was anliegt
Mit solchen Füßen
kann man weit gehn
für jemand
lange Schritte tun
kann sich sputen
schöner Fuß
aber wenn er ihn draufstellt
paßt drunter mein ganzes Herz

In die Dämmerung manchmal
lausche ich anders als je
ob ich vom Ende den Anfang
vom Anfang genügend noch seh

Ob ich noch spür, was ich wollte
ob ich noch weiß, was ich kann
ob ich zum Grund hin noch weine
was fängt mir niemals mehr an

Ob ich vor Jammer noch sterbe
einem noch gänzlich verfall
was ich auch immer vererbe
mehr' ich das noch, überall

Könnt ich dich immer noch lieben
wenn du erst jetzt zu mir kämst
würd ich dich heut noch verlassen
wenn du das Meine mir nähmst

Welches Gesicht hattest du
offen, solang wir nicht sprachen
dann so verschlossen
ganz ohne die Male
die ich liebe
fremd mir und feindlich
solches Gesicht hattest du

Welches Gesicht hatte ich
so furchtbar, wie mir zumut war
ganz ohne Hoffnung
als müßt ich so bleiben
nie mehr wie früher
sag doch, zusammen
welches Gesicht hatten wir

Du mußt denken, Tochter, wenn ich sterbe
nicht nur weinen, Liebe, wein mir nicht zu sehr
von mir bleibt, was ich an dich vererbe
sieh dich um – ich lebe um dich her

Als du klein warst, hast du leicht gefroren
da schon wärmten wir einander ganz und gar
du hast mich, ich habe dich geboren
und ich weiß nicht, wer ich vorher war

Du mußt wissen, Tochter, wenn ich sterbe
daß du mir mit deiner Trauer drohst
als ob ich vielleicht zuletzt verderbe
was doch sein muß, dieser eine Trost:

Daß es dich gibt, Tochter, meine Schöne
mir zwar ähnlich, doch von eigner Art
leb, daß ich mich mit dem Gehn versöhne
wenn du lebst, bleibt mir der Tod erspart

Die Schwester geht raus und hat gelächelt
das bedeutet: sie ist im Dienst
alle Organe machen sich schmerzbereit
Ich bin aus Einzelteilen
Ich wollte, sie würden mich hier vergessen
nicht stechen, nicht schneiden
nicht die Wahrheit finden, keine von beiden
Wie, wenn alles wahr wäre, was man so hört
Wie, wenn jeder Mißbrauch sich nun rächt
Ich hab über mich beschlossen, daß ich hier rausgeh strahlend
Sie haben über mich beschlossen nachzusehn
Ich werd mir alles gefalln lassen
aber ich will nicht sterben
das ist ziemlich neu
seit wir uns lieben, bin ich verweichlicht
kein Sprung mehr aus der Falle ins Nichts
Ich habe Angst
meingott, bin ich mir auf einmal wichtig

Ich hatte keine augen für den herbst
für das kalte
kahle
novemberfahle
reifdurchwebte
abgelebte
ich hatte keine augen für den herbst
kein ohr für die stille
kein herz für die ruhe
nun fang ich an zu sehn
das jahr wird runder
ein wunder mehr

Ich hatte keine augen für den herbst
den der bäume und den einer freundschaft
kein ohr für das lied, das nicht mehr stimmt
kein aug für die liebe, die nur noch nimmt
für das kalte
kahle
novemberfahle
reifdurchwebte
abgelebte
ich hatte keine augen für den herbst
nun weiß ich, daß auch er vergänglich ist
das jahr wird runder
ein wunder mehr

Wenn ich lebe
wie es mir manchmal gerät
das hält keiner aus
er steht in der Küche, um uns Atempause
zu erkochen und mir Windstille
in die überladene Seele ach
ich müßte mehr seine Hand halten
und den Mund
früher die Säufer taten der Ihren
was ich schreibend und streitend dem Meinen tu
er murrt und schlägt auf die falsche Stelle
wie gut, ich bin ein Weib und hab mein Weichsein
aber währenddes verwahrlose ich
das weiß er
ein Dummchen hätt jedes von uns gebraucht und nicht gebrauchen
könn'
ich mache mich manchmal zu klein
spreche mich aus
aber hab ich geredet, weiß er den wunden Punkt, und wenn er
müde ist
nutzt er ihn aus gegen mich
recht hab ich meist um andre
das geht an die Liebe, denkt man, aber die wird größer dabei

Manchmal aber sehne ich mich
nach meiner Unvollständigkeit
will ich zurück in den Antrieb Hoffnung
brauch ich mein Quantum bittrer Erfahrung, das
in Vergessenheit gerät
Ich war der Teil, der so nicht leben kann
nun aber ist mir die Wehmut verschlossen
die Sehnsucht äußert sich in Gesten, die
rufen jemanden herbei und gleich
das Alter strahlt vor Möglichkeiten, die noch in weiter Ferne sind
ich werde gut zu Fuß aus Leichtigkeit der Seele
die Einsamkeit ist abgeschafft
sie hat mich auch gespeist
Unglück glücklicher Erfahrung, daß ich manchmal nichts brauch
als mich
aus dem mach ich es uns dann schwer

Vor einem Besuch meiner Tochter

Ich seh schon die Laufmasche
und wie sie erstaunt tun wird
Schatten unter den Augen, kleine Hügel aus Müdigkeit
sie sieht alt aus, meine Tochter
zuwenig Schlaf
was für ne Ehe, große Liebe
mit dem Kind allnächtlich in der Mitte
sie sind sehr gut zu der Kleinen, aber
wenn sie einmal gut sein wolln zueinander, dann reitet sie
hier ein, dieser winzige Riese, dieses Elflein mit der
Hartnäckigkeit eines alten Hirten
Sie umkreist uns, klopft uns weich mit ihrem Lachen, ihrem
irren Sinn für Sprache, ihrer Beharrlichkeit
Wir machen fast alles falsch, sagt mancher
lassen sie so laut singen, wie sie will, nehmen sie beim Ein-
schlafen in den Arm
wie tief muß doch unser Glaube sein an dieses Land und unsers-
gleichen, daß wir sie nicht trimmen auf den Lebenskampf
daß wir sie glauben lassen an die Zärtlichkeit und ihr einen
Anspruch impfen, dem die Statistik scheinbar widerspricht
wir sind manchmal umdüstert in unseren Dialogen ach die Zukunft
der Menschheit die Seen und Wälder die Politik und die schlechte
Zeitung und wer ist so ehrlich noch wie wir
Aber dem Kind gegenüber sind wir so
daß sichtbar wird unser Glaube an die Güte und an die
Unsterblichkeit
ach Tochter
wie faul du früher warst, wie bequem, wie egoistisch
nun willst du alles auf einmal
Liebe, ich wär eigentlich gerne dein Kind

Die Tochter meiner Tochter
Zarteste unter den Frauen
steht still im Wald und hört auf das Rauschen der Bäume
und da auf einmal hör ich es auch
sie fragt mich, woher es kommt und was es sei
so einfache Frage, Laura Marie
der geh ich nun nach und such mir die Wörter zusammen
ihre Hand in der meinen, trau ich mich
tiefer in den Wald, dem Wunder der Pilze zu
der bestürzenden Stille und den Beeren
hoffentlich kenn ich die wichtigsten Arten vom Baum und Strauch
sie fragt mich nach dem Knusperhaus
und der *gefährligen* Schlange
und ob wir dorthin gehn, wo Schneewittchen ausgefegt hat
Dreijährig erst, nimmt sie die Vielfalt der Blätter
den flüchtenden Hasen, die wenigen Beeren und die vielen Pilze
als Neuigkeit
aber nicht so wie ich
seit ich mir Zeit nehm für Laura Marie
bemerk ich, was alles mir unterwegs abhanden gekommen ist –
ich hab mir erworben, was Ausdauer braucht
und die verzehrende Kraft der Stetigkeit
ich kann mitreden heute über Verschleiß, aber
Müdigkeit ist nicht angesagt
Großmütterchen, dein Lehnstuhl steht im Schaufenster als
Antiquität
weißhaarige Hinfälligkeit ist um eine Generation verschoben
Selbstgedachtes eher ist bei mir zu finden als Selbstgebackenes
«Du hast die Erfahrung», sagen sie nun zu mir, nicht mehr ich zu
andern
«das müssen wir jetzt machen», und gemeint bin ich
Ich bin Laura Maries Eigentum
«Hörst du», sage ich, «die Bäume rauschen, weil der Wind die Äste
und
die Blätter bewegt»
das reicht für heute, das singen wir jetzt
und morgen und übermorgen und überübermorgen beladen wir
deinen

Kopf mit alldem, was sein muß, und biegen dich uns hin
Aber jetzt, Laura Marie, hier wohnt Schneewittchen
die Schlange schläft lange
komm, wir springen bis über die Ohrn in die Pfützen
und ich leide im Dunkeln in Todesangst um dich

Kinder sind was Schönes, sagt er
und entleert
auf sie alles, was er selber begehrt
was is das fürn Papa
der noch nicht mal ein Märchen erzählt
und einem fast gar nicht fehlt
Oma sagt, wir haben gehungert und wurden gehaun
abends im Bett kichern die Kinder:
das ist denen zuzutraun

Winter und Günther ade
sagt sie und packt ihr Bündelchen
lockert dem Mann noch paar Schindelchen
am so herzlich gebauten Haus
steigt wie sie es einst bestiegen hat
aus dem lauwarmen Bettchen aus
und geht mit paar Plünnen und dem Kindelchen

bei ihm mußte sie dauernd rauchen
wußte selber nicht warum
sonst kann sie wenig gebrauchen
außer paar Jahre sind wieder rum

Nach Kindheit und Schulzeit
und viel läppischem Getue
kommt sie mit gar kein Geld
Viertreppenhinterhof Außentoilette
zum erstenmal zur Ruhe
reißt ihren Achtzehnstundentag runter
bemerkt jedwed farbiges Himmelszelt
und fällt mit unglaublicher Sehnsucht
und bleiernen Füßen zu ihrem Kind ins Bette.

Klar, Mann, ich schreib Ihn' noch son Scheißlied über die Liebe
Wenn Sie's auf Ihre nächste Scheibe nehm'
verdien ich drei Gedichtbände dran
Also, Ihr Lied
wie man schwitzt, lügt und sich anschreit, unter die
Erde will manchmal vor Verzweiflung, Zeiten hat mit drei
Luftzügen
Versöhnung und Agonien an Streit, kleinlich, verzerrt, dämlich
das lassen wir weg
wir schreiben SEHNSUCHT, das sagt alles
nichts von Körper, das ist Schweinkram, wir schreiben über
«GEFÜHLE» und sagen nur, was jeder kennt
aus 1 Milliarde anderer Lieder
«ES GIBT WÖRTER, DIE GEHÖREN NICHT IN'N LIED»
In Ihrem Lied wird es gut ausgehn, das heißt, eine nette Sonne
scheint, oder wie wär's mit zwei in einem Regenschirm am Abend
so was verkaufen wir immer gern
Um Mitternacht, Herr, wenn Sie abgedampft sind mit Ihrem Scheiß
den ich geschrieben habe, weilichnichtweißwieichneinsagensoll
um Mitternacht schreib ich mir meins von der Seele
dafür zahlt mir keiner eine Puseratze
ein Liebeslied für ein Kind, das niemand kennt
für mein karges schlingerndes einziges Vaterland
(das sich ein anderes von mir erwartet, mit ner netten Sonne
und einem Lob auf die Regenschirmproduktion)
ich schreib eins für meinen Geliebten und mich
ein nacktes hartes Lied, wie wir uns gelegentlich zu packen wissen
Herr, da sag ich Dinge, na
und werd wieder Jungfrau

Hast du nicht einen Frühling für mich
heut nachmittag könnt ich den brauchen
oder ich fang wieder an zu rauchen
lieber wär mir ne Wiese mit Spitzwegerich
und am allerliebsten hätte ich dich
nicht auf der Wiese
in nem Kahn
weiß, frisch bezogen
riesig
den Himmel diesig oder ist doch egal
was geht mich das Wetter an
komm mit deinem warmen Bauch
ganz nahe an mich ran

Wenn du abhaust
rufe ich die Kleinen
und erzähle ihnen etwas
vom Glück
(das es nicht gibt)
wenn man zueinander paßt
(was nicht heißt, daß man sich liebt)
aber ich will nicht, daß sie weinen
also laß ich die glühnden Pantoffeln weg
und hol mein Geheimnis aus dem Versteck:
die Liebe ist schön und tut allen gut
man braucht dazu nur ein bißchen Heldenmut

Mädchen, geh nicht unter die alten Vetteln
oder die traurigen Enttäuscherinnen
die verbreiten nur Angeblichkeit, sagen:
Liebe, der kleine Irrtum!
halt dich da raus
es ist ihnen mißlungen, daran kranken sie
sie wolln, daß es nicht gibt, um was sie
so sehnsüchtig sind
haben es aufgegeben, sagen sie, aber kämpfen für das
ganz schön hart
es gibt sie, die einzigartige Sache
es gibt, daß man miteinander lebt auf Treu und Glauben
sie durchdringt und kein Krüppel wird davon
schöner sind wir niemals, als wenn wir lieben
solange wir geliebt sind, tritt das Schlimmste
nicht ein, aber geliebt sind wir nur, wenn wir lieben
Erst in der Verlassenheit sterben wir ab
da haben wir uns aber selber schon verlassen
glaub an was du dir wünschst, und gibt das dem
der dich will

Ich hab ihr nicht weh tun wolln
hätt ihn also fortschicken solln
Er kam zu mir so abgebrannt
und hat sich danach kaum wiedererkannt
war erneuert bis auf den Grund
Daß ich seither keinen andern brauch
das ist die Wahrheit, das ist sie auch

Sie sagt:
Der, dem ich vieles verdanke
hat mich verlassen
unendlich schien seine Bemühung
und hat doch geendet
wenn er das Blatt nicht wendet
werd ich ihn hassen

Manchmal wolln wir einander sein
der große Baum, der schattet
den Regen auffängt und abhält zugleich
Grün, das die Augen heilt
und das einzigartige Lied aus Wind und Blättern.
Triffts zusammen, kommen wir uns ins Gehege
bis man sich aufhängen möcht
im eignen oder im fremden Geäst
bis übrig bleibt nur: wir sind einander
ein Besen, der den andern zum Haus rauskehrt

Warum denk ich ans Meer
immer wenn ich dich hab
ist das Meer denn nur Leben
nicht auch Grab
für gestrandete Schiffe und Mann und Maus
wie kommt das Meer denn in mein Haus
in mein Bett
auf dem Grund ruhn die Schiffe
ruht Geschmeide und Geld
wenn ichs hätt
wär es auch nicht die Welt
hätt ich dich
ich mein, hätte ich dich
das wär besser für mich
ich vergäß wohl das Meer
wenn ich mir sichrer wär

Ich hoffe, es geht dir gut
Wenn du ans Meer trittst
an die Stelle, von der die Lieder berichten
soll das Meer auf Kälte und Stürme verzichten
soll sich teilen vor dir
trockenen Fußes sollst du es durchquern
als ob wir in biblischen Zeiten wärn
auf die Nase falln
sollst du erst hinterher
zehn Schritte hinter dem Meer

Ich hoffe, es geht dir gut
sieh jenen Baum dort
der so tut, als wolle er wunder wie blühn
für dich soll er ein altes Märchen bemühn
jenen Apfel für dich
golden und weich fällt er dir in die Hand
nun iß, denn man sagt, er enthält Verstand
und den brauchst du doch
brauchst ihn sehr
denn nichts auf der Welt fehlt dir mehr

Ich hoffe, es geht dir gut
wenn du nach Hause kommst
in die Stille, die spätabends eintritt
und da ist nur noch dein eigener Schritt
streif die Angst einfach ab
bleib bei dem, was dir wichtig erscheint
du hast schon als Kind nie geweint
darauf warst du stolz
fang jetzt nicht damit an
nicht mal Buratino wechselt einfach sein Holz

Er hat die Wände neu bemalt
Alles für sie
hat seine Schulden bezahlt
Alles für sie
die schlechten Freunde abbestellt
auf einmal kümmert ihn die Welt
naja, das macht sie
Er ist neugeborn
Ich hab verlorn

Morgenstund hat nicht immer
Gold im Mund
manchmal steh ich auf und
bin ganz herzlahm
seh an mir herunter
was könnt mir denn weh tun
mir Griesgram

hab ganz müde Füße
und ein gebognes Kreuz
was ich gemacht hab
was ich versäumt hab
egal, mich reuts

Morgenstund hat auch manchmal
Blei im Mund
manchmal steh ich auf und
weiß nicht weiter
steh herum wie
auf ner Leiter

hab fast keine Augen
fühl mich taub und aus
die Arbeit scheint nichts zu taugen
hätt ich doch ein einsames Haus

und von alter Trauer
schleift das Herz mir eine Spur
die ist dann von Dauer
um die gings doch nur

Hab keine Angst vor mir
Um deinen Atem bin ich mehr besorgt als um den meinen
meine Arme, wenn sie eine Wiege sein solln, werden sich finden
oder auch nicht, wenn dies dich mehr umtreibt als alles
Ich bin so stark, daß ich alles unterlassen kann
und bin die Erde, die sich nicht wehren kann gegen Bewegung
und bin die, die sich nicht wehren will

Eine weiße Perle reih ich ein
wenn du mit mir lachst
wenn du mich traurig machst
wird es eine schwarze sein

In zwanzig Jahrn
trag ich um den Hals
wenns gut wird und lange währt
zwei weiß' auf eine schwarze
oder umgekehrt

Warum nimmst du mir meinen Bauern weg
meinen mühsamen, tapfren Gradausgehmann
weit noch vom Ziel, erhoben zu werden über sich selber
weit auch vom Ursprung, Schrittchen um Schrittchen
Lanzelot unterwegs für mich, so gut er kann
da kommst du langer Läufer, behender Geschwindmann du
und nimmst ihm den Auftrag, die kleine Hoffnung
daß ich dir standhalt noch länger
ein Zug und Einzug, gleich hast du's geschafft
fort ist der Bauer, und mein König steht rum
wie du das machst, die Freude steht dir gut
ich verlieb mich in dich, wenn du so bist
der Bessere sein macht schön
aber ich frier ein bißchen, komisch

Mir träumte du hättest gesagt halt dein maul
mir träumte ich wäre wieder ein kind
und ich hätte das auszuhalten mir träumte
du sagst halt dein maul und ich steh da
mir träumte ich stand da und zugleich
verließ ich dich hab ich dich verlassen
wirklich ich werde das tun wenn du es noch einmal sagst
und sei es in meinem traum
von ungefähr träumt man nicht

Ich lerne zu sagen
daß wir uns lieben
und uns kümmern umeinander
die Häßlichkeiten sollen kleiner werden
und größer die Schönheit, die mögliche
Nein, wir sind nicht ehrlich bis zu Ende
es wär sonst das Ende
wer kann sich ertragen ganz und gar
wie er manchmal gerade ist
lieber sagen wir uns, wie wir schon waren
lieber sagen wir uns, wie wir morgen sind
wenn alles gut geht
aber es geht nie alles gut
und also wachsen uns keine Flügel
aber es wächst die Einsicht

Auch ich, die es besser weiß
möchte dich manchmal besitzen
wenn wir lieben, sind wir, wie wir sind
weinen um die Kindheit des andern
leiden zurück
leiden vorweg
erspar mir deinen Tod, sagt sogar
wer es besser weiß,
alles Lebendige wächst davon
sooft ich auch meine Hand leg auf dich
immer werden es berührte Stellen sein
so weh kann ich dir nicht tun
daß du den Schmerz nicht erkennst
wenn man alt genug ist für die Liebe
sollte man zu schlau sein, sie zu zeigen

I

Männer schwindeln nicht, achwo
sie tun nur so
worüber du lachst mit dem breitesten Mund
das meinst du ernst bis auf den Grund
manches tut mir so weh
daß ich beseite geh

II

Ich bin dein
da lach ich aber sehr
an so was glaubte ich nicht mehr
dir gäbe ich einen Blankoscheck
und unbesehn die verbleibenden Jahre
ich danke dir Heilung von jedem Schreck
und gerat mir mit niemand so in die Haare

III

Ich sage zu dir Wörter
die ich verabscheu
sage, daß ich dich verlasse
würde gern sagen, du sollst tot sein
oder ein dreckiger Stein
so also bin ich, wenn ich liebe
wie war ich doch früher gelassen
dich lieb ich so, dich kann ich manchmal nur hassen

IV

Ich hab Geld genug ohne dich, Raum sogar mehr
mehr Zeit ohne dich, auch meine Arbeit
Kind und Kindeskind hab ich ohne dich
und eine lange trostlose Vergangenheit
ich habe ohne dich nichts

Am ersten Morgen hab ich dir gesagt
trink deinen heißen und starken Kaffee
iß vom hartgewordnen Brot
und tu mir nicht weh
lieber tot sein als
son Mann am Hals
der ein erst durchs Heiß' und Kalte hetzt
und hinterher verletzt

Ich weiß nicht, wie lang ich gewartet hab
daß ich einen krieg, daß mich einer nimmt
mit dem mal alles stimmt
ich mein, auch an mir
so wie mit dir
aber lieber gar keins als
son Glück am Hals
das in der Hauptsach aus Angst besteht
und sowieso vergeht

Und nun, Mann, glotz mich nicht so an, hab ich
hätt ich eigentlich gern gesagt
aber ich hab bloß dagesessen
an diesem dämlichen harten Brot genagt
und den Kaffee vergessen

Mein Geliebter, der auch
mein Mann ist und
ein unbequemer Geselle
leidet nicht, daß ich stehenbleib
auf derselben Stelle
noch am dichtesten an seiner Haut
fragt er mich auf einmal was
das hätt ich ihm nie zugetraut
er läßt mich in keiner Behäbigkeit
und überläßt mich keinem Leid
stellt mich, wo ich dumm bin
hört hin
jedenfalls scheint das so
manchmal freilich gehts um ihn
da muß man seine Ohrn auseinanderziehn

Ich habe einen Mann
der gut kochen kann
dem näh ich doch keinen Knopf mehr an
Ich war viertausend Jahre unterdrückt
nun bin ich endlich
zu den Unterdrückern aufgerückt

Überlebe mich
wenn ich fortmuß, bleib bei unsern Dingen
Gegenstände nicht, tu fort
bleib nicht bei der Landschaft
noch bei den Büchern
wähl andre Lieder
aber bleib dir selber

Wenn du wen erkennen willst
tief bis unter die Haut
spar die die vorschnelle Freude
spar dir den Schreckenslaut

Spar dir die Hinterherflüche
die meiste Angst dazu
Verleumdung treibt üble Gerüche
verzweifle und glaub nicht im Nu

der andre ist immer genau wie du
aus Grob' und Feinem gewebt
der andre hat immer genau wie du
auch vorher schon gelebt

Wenn du wen gewinnen willst
so wie nie wer zuvor
laß dir nicht alles gefallen
trau deinem eigenen Ohr

Tu nicht, als ob wir nicht wüßten
was alles kommen kann
stell dich mit Lust deinen Lüsten
sonst geht auch der andre
gegen die seinen an

Erkennst du die uralte Weise
ich käme so gern zu dir her
ich klagte von vielem dir leise
das Herz wär mir weniger schwer

Aber du bist in Deinem befangen
und das Deine ist weit mir entfernt
was nützt mir das alte Verlangen
dein Himmel ist anders besternt

Erinnerst du dich an die Schwüre
ich legte sie ernst vor dir ab
sag, lachtest du hinter der Türe
wenn ich mich so aufgeführt hab

Oder kannst du dich nicht mehr besinnen
weißt du kaum, wie ich fast um dich starb
das schmerzt mich noch heut ganz tief drinnen
wie ehrlich ich da um dich warb

Erkennst du die Worte nicht wieder
und meinst, sie sind niemals gesagt
ich liebte dich und rang es nieder
und hab nie was Größres gewagt

Das hätt mir einer sagen solln . . .
eine Liebe, daß man für sterben könnte
und schubst sich gegenseitig rum
nörgelt auf einmal, als stünden sich nicht gegenüber
vollkommene Schönheiten
einzigartig begabt
einander verfalln
meckert der Donnerstag nachmittag über
meine Frisur
meint, ich hätt zugenommen
nun wird wieder eine Hecke wachsen
soll er sie durchbeißen diesmal
Und dann werd ich ihm sagen
wie schlecht er ist
leider sehr schön und
rein prinzlich gesehn vollkommen
nehm ich eben was ab, zum Friseur wollt ich sowieso

Nur ein Leben?
Eine einzige Pubertät?
Mit solchem Übermaß an wollenmüssen
unterm Zwang der Vorstellung, ein rosa Geheimnis wird
sich auftun und mich überkommen und
dann die unsterbliche Enttäuschung: DAS soll ES gewesen sein?
Wer bin denn da ICH
Düsenjäger oder Mütterlein fein
unwissentlich doch eine Hure oder heilige Vogelerretterin
Sterbehelfende oder Primaballerina Schwänchen
Wort und Gefühl führn in die Irre
sag noch einmal, daß keine so gut kann wie ich
wovon ich keinen Schimmer habe und was mir ehrlich gesagt
eher peinlich ist
ich bin die Einzige, die Schönste, ein Spätzünder bin ich Frühreife
Hilf mir über den Fluß ich zahl Lotsengebühr
unterwerfe mich, halte das Maul, guck dir ab, bewundere dich
ich will mal ehrlich sein, du, weil ich dich doch nicht auf Tod und Leben
liebe, sondern mir nichts aus dir mache: ICH weiß gar nichts und
nicht mal, wie man sich dazu bekennt oder es verbirgt
die Schule hat mich nicht ausgestattet außer mit dem
Einmaleins und der Lebensweise des heimischen Feldhasen
ICH WILL ICH SEIN
trotz der Feigheiten, die mich anfalln
grad deshalb fordre ich: sprechen wir doch über alles
ach, dummer Satz, was ist alles, und was ist sprechen
steh da an Gräbern mit trockenen Augen und mißtraue
mir in allem, was ich tu und unterlasse
sieh doch und werd ja erwachsen indessen
ahm nicht mehr nach so sehr, das macht kleinere Gesten
leisere Schritte
seh ihn an, den ich will, vielleicht hab
sehn mich ja, faß ihn an, lach über mich – nicht
zu sehr, verschweig einen Teil, vom Weg, gesegnet sei der
Versuch, auf einmal laß ich auch andere leben

Dieser weiße Himmel
hat blaue Adern, immerhin
blaue Adern, rotes Blut
lebt also
denk ich, weil ich ein Mensch bin
der nur von sich ausgehn kann
und nichts weiß von einem Himmel
wenig genug über sich selber

Gott, ich glaube nicht an Gott
daß ich nicht an Gott glaube
glaube ich auch nicht
es gibt ihn nicht
die paarmal, die er mir rausgeholfen hat
das ist noch kein Grund
an einen Mann zu glauben

Seine erste Leidenschaft
ist seine wahrscheinlich letzte
die, der sie gilt
gehört zur übernächsten Generation
und kommt dieses Ereignis manchmal besuchen
Infarktnahe erwartet er sie
nach den 45 Stufen
in die Heimlichkeit eines Raumes der ihn nichts angeht
an den sie sich kaum erinnert wenn sie gegangen sein wird
Seinen partiell fülligen Leib
mustert er leidvoll und sitzt angenagelt da
wenn sie kommt falls sie kommt manchmal
kommt sie nicht aber dann sagt sie auch nicht ab
vertrau mir, sagt sie, ich hab dann Gründe
den Kindern geht es nicht gut, oder der Mann ist
zuhause und sie liebt den, sagt sie, mit dem will sie leben
sagt sie und zieht sich aus und schlüpft immer als
erste ins Bett während er sich schämt und nicht glauben
kann an das Wunder
und ehe er doch nackt geht zu ihr
hat er wieder den gelben Stern auf der Brust heißt
wieder Israel und sie nimmt ihn in den Arm und sagt
ich weiß und ich hab es gern mit dir und ich brauche dich
ich bin nicht mehr jung, sagt er, nicht schön genug für
dich ich hab zuviel durchgemacht
Ja, sagt sie, das alles fehlt mir, gerade das brauche ich
das find ich bei keinem meinesgleichen
er liebt sie
sie sagt, wenn ich nicht mehr komme, dann ist es auch ganz
ehrlich

Nachbarin neben mir vorm Fahrstuhl
die Haare stehn dir zu Berge
deine Bluse ist offen
deine Zehen gucken wehrlos aus den Sandalen
außen vor ist alles wie es muß
der Rundstrickrock straff
die Plastekette passend im Farbton
die Haare liegen einzeln an ihrem Platz
gebärdig gelackt
deine Wimpernspitzen sind angemessen unauffällig
du duftest nach der Seife, die man gerade dummerweise
bevorzugt, weil sie an Äpfel und Weihnachtsbaum gemahnt
Während der Fahrt starrst du auf die kleinen Leuchtzahlen:
Es geht abwärts, Schwester
ich halte dich im Arm mit leisem Trostlaut
während du mir alles sagst, was ich sehe
du weißt nichts mehr über die Göre in dir
aber alles über das Fernsehprogramm
morgens wachst du auf und bist müde
keinmal läßt du fünfe grade sein
schuldbewußt überlegst du, ob du nicht doch
die Sonntagsbrötchen selber backen solltest
vielleicht wirst du dann geliebt
Wir stehn durch Gräben getrennt
aber ich erkenne dich in der engen Kabine am übertünchten
Angstschweiß
die Sehnsucht steht dir im leer aufwärts gerichteten Blick
deine Hingabe kommt nicht an, und nicht aus Lust, sondern
weil du etwas zu retten hoffst
wie ER, wenn er sein Auto in den Griff nimmt vormittags
und dabei das Radio laufen läßt
während du dich bückst und bückst, und widerwillig, ohne
Vorfreude, grüne Klöße machst, damit es so ist wie in der
ersten Zeit, wie bei seiner Mutter, wie bei deiner Mutter,
bei euch zuhause, während doch nichts mehr ist wie in der
ersten Zeit, wie bei seiner Mutter, bei deiner Mutter
du verliebst dich fast jeden Tag, in der Bahn, in einer Sitzung,
auf der Straße

dein Mann würde ungläubig lachen, er verliebt sich fast jeden
Tag und macht darüber Witze, die dir weh tun
deine Geheimnisse sprengen die Familie
aber das weißt du nicht, du bist dir keiner Schuld
bewußt, und wirklich hast du niemandem außer dir etwas getan
manchmal gehst du sogar zu weit, da hast du einen Schwips
dann setzt du dir einen Papphut auf, machst dir kichernd
ausgerechnet Kreolen hinter das blonde Haar, an die kleinen
rosigen Ohren, die so unberührt aussehn
um Mitternacht stößt dir dann das neue Jahr zugleich mit
dem Kartoffelsalat auf, der sein muß
deine Töchter hängen an dir und verachten dich nur ein
bißchen und hinter deinem Rücken
warum, ja, warum – du hast ihnen immer abgeraten, wenn sie
sich riskieren wollten, immer begütigt, immer eingelenkt
sie schaun jetzt auf eigene Wipfel, fahrn in eure alte kleine
Stadt und kommen von dort leuchtend zurück
ach Schwester, du wirst gelebt und wenn dein Mann dich
umarmt, schweigst du wie ein Zierfisch und hoffst, daß er
es hinter sich bringt, weil du Lust hast, noch zwei Seiten
zu lesen, das stört ihn, er stört dich, aber ein Schlafzimmer
muß sein
wir sprechen vom Wetter
aber eines Tages fahr ich dir mit zehn Fingern durch die
neurotische Frisur
und sage: «Dann tu's doch»
heute noch nicht, ich sehe dich stracks straff die schwere
Tür aufstemmen und du rennst, als ob dich was erwartet
was irgend jemand möchte

Deine Augen sind die Stille
die nach allem Aufruhr winkt
deine Augen sind das Dunkel
in das alles einfach sinkt

Deine schönen Augen machen
daß ich ganz betroffen bin
deine schönen Augen wachen
daß ich nicht zu offen bin

Deine Augen sind das Wahre
grenzen ein und machen weit
weiß nicht, ob ich sonst erfahre
jetzt mein Glück und dann mein Leid

Deine Augen sind zwei Steine
so schwer wiegt mir mancher Blick
sie durchschaun nicht all das meine
manches liegt zu tief im Schlick

Deine Augen sind die Lunte
die ich manch Gelebtem weiß
deine Augen sind das Bunte
das ich mir vom Herzen reiß

Deine Augen sind die beiden
die ich neben meinen brauch
deine Augen machen leiden
wenn ich zu tief untertauch

Leid, das geht ja noch
man überlebt es, oder nicht
spürts am Herzen, oder am Magen
hat ein graues Gesicht
schläft unterm Bleigewicht

dann auf einmal hebt sichs vom Kissen
man ißt was, mit schlechtem Gewissen
irgend ne Freude haut einem die Beine weg
das Leben trabt an aus seinem sichern Versteck

das schleichende ständige Unbehagen
daran stirbt man
das ist nicht zu ertragen

Ich verknotete Person
in deinen Armen krieg ich Lust
du zauberst aus zwei Körpern
einen dein Bein ist mein Bein
Arm und Kopf, Wärme hinüber herüber wunschlos
ohne Begier liegen wir so und schweigen uns
im leichtesten Schlaf
voll von Bildern

Am 13. März 1936 gebar meine Mutter:
Elisabeth Burock
ihren Sohn
den sie: Franz Burock zuliebe
nannte nach ihm
bescheiden fügte sie hinzu
was wegen: Albach-Retty ihr Traum gewesen war:
«Wolfgang», nannte ihn aber lebenslänglich: «Schatzi»
Dieser Sohn war
die erste Liebe seiner Mutter
und blieb ihre einzige
so hat sie getan an ihm
ihn bewahrt und in Schutz genommen
vor dem Leben
er lernte, sich darauf zu verlassen
blieb in der Schule sitzen
verteidigte sich gegen niemanden
nahm, was ihr ohnehin nicht gut genug war für ihn
Solche Söhne können schrecklich sein
er war nicht einmal das
hat sich nichts zugetraut
fing mit 36 Jahren an, gegen die Angst zu trinken
sie hat ihn gedeckt, ihm eingeschenkt
ihn entschuldigt auf Arbeit und vor sich
hat ihn vor Entziehung bewahrt, seine Schulden bezahlt
seine Frau gezwungen, aufzugeben
so holte sie ihn sich langsam zurück
hilflos in ihren Leib
sie hat ihn zu Tode geliebt
den einzigen Menschen, der sich von ihr bis zu seinem
schrecklichen Ende lieben ließ
in Hamburg, wohin sie mit ihm
auch vor mir geflohen war

Es hat sich nicht gelohnt
daß ich mir damals
Aquavit runtergeekelt habe
sogar Free Jazz lieben wollte fortan
nie bin ich ohnmächtig geworden
obwohl: es hätte manchmal gut hingepaßt
seine Theorien hat sich unsereins
ernsthaft angehört
seine verehrungswürdige Herkunft
ach wie hingen mir doch die Särge
all seiner bedeutenden Ahnen
zum Hals heraus

Wenn wir uns lieben
schmeichelt der Herbst den Bäumen
die Blätter ab
weint ins offne Holz um den Verlust
Wenn wir uns lieben
sind mir die andern egal und ich weiß
daß Bäume gar nichts wissen und fühln
aber Schwestern sind sie
wenn du schlecht zu mir bist
da reißt der Wind ihnen ab wie du mir
und wie sie dastehn, so nackig
friern natürlich
egal, es geht sowieso gegen dich

Wir sind beim dritten Kompromiß
beim ersten Mal ging es nicht anders
beim zweiten Mal stand zuviel auf dem Spiel
beim dritten Mal aber sind wir satt
haben ein Dach überm Kopf
und beruhigen uns gegenseitig
daß die Kinder nicht wirklich auf eigenen Beinen stehn
nicht wirklich versorgt
und daß andre ja auch nicht mutiger sind
sagen noch: solln doch erst mal die ganz Jungen
Was?
Schweigen, so tief ist der Kompromiß

Wir armen Weiber
wie wir mich dauern
ich seh uns in den Zwischenzeiten trauern
und sonst schuften
es gibt so wenig Rosen unter den Leuten
die Männer, unsere Verbündeten
denken, das würd uns nichts mehr bedeuten
die Zärtlichkeit traut sich kaum noch raus
ich hab selber wie man so sagt nach oben gestrebt
mir muß man nicht sagen, wie man da lebt

Der hat eine andre also keine Ordnung
redet mir zu, zu ehrlich zu schlau
hat keinen oder
jedermann als Freund
Eltern
alte Platten
Gewohnheiten
getragene Kleidung
hörbare Atemzüge
Ausdrücke
ißt Gurkensalat mit Zwiebeln
hat kein Gespür
für das unermeßlich einzigartige
Anderssein des
andern

Jener verdroßne Mann mit
der abgeschloßnen Meinung nach dem
ersten Blick
der unverrückbaren Haltung zu den
eignen Schwächen
und dem Verfolgungswahn für anderleuts Sünden
wie war ich in dich verliebt
Du kamst zu spät, immer
hattest nie Kleingeld für die S-Bahnfahrkarten
aber jenen tiefen Blick
den schweigenden, der Erwartung und Nerven weckt
und ich wollte so gern
in eine Liebe auf Leben und Tod
du warst älter, hattest schon verratne Ideale
eine Traumschöne gabs lang vor mir
und wir hatten während jener
saccharinenen Schierlingswochen
in denen ich meine Kinderehe
verriet und verlor
nicht einmal irgendwo ein Bett
so glaub ich dir bis heute
was du gesagt hast
daß du einmalig bist

Als Kind
friern und nicht raufdürfen
nicht raufdürfen und alle andern sind oben
weghörn wegrennen wegweinen
leugnen, dazu stehn und es nicht gewesen sein
sich schämen für den eignen Namen
sich langweiln, so Lust an der Arbeit und
jede andre Lust verliern, eh man sie kennt
ins Bett geschickt und nicht müde sein
den Mund halten wenn die Erwachsenen reden
aufessen müssen wenn ich satt bin
ein Buch sehn und es nicht lesen dürfen
faß nichts an
oder war das gar nicht ich, wars nicht damals
ich seh mich um, da ist es, heute, genauso

Er sagt dir seine einfache Wahrheit
Weil er mit dir lebt, glaubst du ihm nicht
sondern suchst nach dem Grund, daß er
dir was sagt, obwohl du doch
mit ihm lebst und
deine einfachen Wahrheiten
versteckst
einen Grund wird er schon haben
denkst du und wartest ab

Wenns mir gutgeht, neig ich zur Fülle
habe Schatten unter den Augen
arbeite zu viel
weiß für jedermann Rat
hebe an und bringe zu Ende
so komm ich kaum zu mir selber
und glotze zunehmend griesgrämig
in den Spiegel den Kleiderschrank
wage mich auch nicht mehr zu jenen Fürstinnen
die vorm Regal stehn als böse Feen
und verkünden: nur kleine Größen
ach da kriech ich nachhause
reiß mich um Magerquark
beklettere wütend die tschechischen Berge
und warte auf das erlösende Dekret von oben:
nun aber nicht dünner werden
da erst recht
kein Kuchen findet Einlaß in mich
nicht aus Vernunft, nur aus Eitelkeit
endlich wieder lieben mich alle, bild ich mir ein
und erhole mich vor lauter Selbstbewußtsein
bei einem Apfelstrudel samt Vanillesoße
und Milchkaffee

Wir sind zu alt, mein Lieber
daß wir uns leisten könnten
ältlich zu sein
keine Zeit für Fett auf der Seele
für gelogne Töne
besser, daß wir uns da trennten

Wir sind zu schwach, mein Lieber
daß wir uns leisten
schwächlich zu sein
halb tun, statt sich ganz zu versagen
das könnten wir nicht mehr ertragen

Wir sind zu dumm, mein Lieber
daß wir uns ertappen lassen auch noch
dümmlich zu sein
vergessen, wo wir hingehören
Herkunft abzuschwören
da müßten wir uns hassen

Das mit uns
mach das nicht nebenbei
ich steh das nicht noch mal durch
nicht noch mal soviel dummes Zeug
soviel Hauptsache, jeder sorgt für sich
soviel was wird, kann keiner wissen
ich hab das hinter mir
ich steh das nicht noch mal durch
soviel man darf sich nicht überschätzen
bloß nichts überstürzen
erst mal sehn
erst mal das Geld
erst mal Sicherheiten
soviel dreiste Unverbindlichkeit
das steh ich nicht noch mal durch
ich kenn das viel zu genau
nicht noch mal soviel Eitelkeit auf beiden Seiten
soviel ich hab schließlich das gleiche Recht
und das meint immer: mehr
das steh ich nicht noch mal durch
soviel ich weiß ja selbst nicht, was mit mir los ist
was heißt denn hier Liebe
erst mal sehn, erst mal probiern
erst mal bist du mir denn auch immer treu
so viel Unklarheiten
daß man sich auf nichts verlassen kann
das steh ich nicht noch mal durch
nur nicht: am Ende kommts ja doch anders
Worte obendrüber
den Fuß immer in der Tür
jeder macht seins
jeder macht keins
Komplicen für eine absehbare Zeit
das steh ich nicht noch mal durch

Quellennachweis: